WEIHNACHTEN
BIS ES NADELT!

LAPPAN

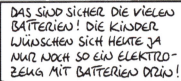

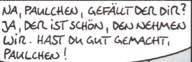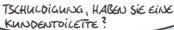

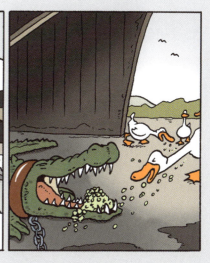
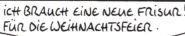

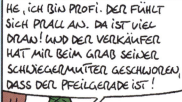

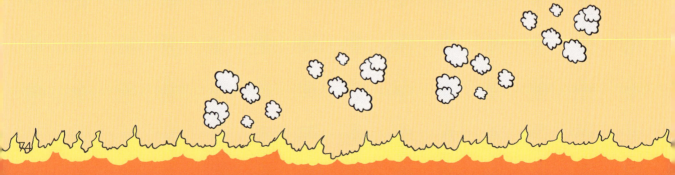

Hast du sie alle?
Die ©TOM-Ziegel!

Wir produzieren nachhaltig
- Klimaneutrales Produkt
- Papiere aus nachhaltigen und kontrollierten Quellen
- Hergestellt in Europa

©TOM, Thomas Körner.
1960 im sonnigen Südwesten in eine lustige Familie hineingeboren.
1964 erste Witze in Buntstift. Nach vielfältigen akademischen Ausbildungsansätzen 1989 dann doch wieder Witzbildchenzeichner.
©TOM zeichnet seit 1991 den täglichen Comic-Strip „Touché" für die *taz* und verschiedene Cartoons und Comics und Illustrationen für alle anderen guten Zeitungen des Landes.
©TOM lebt und arbeitet schon ewig und drei Tage in Berlin.

1. Auflage 2023
– Originalausgabe –

© 2023 Lappan Verlag in der Carlsen Verlag GmbH, Völckersstraße 14–20, 22765 Hamburg

ISBN 978-3-8303-8047-4

Alle Rechte vorbehalten. Das Werk darf – auch teilweise – nur mit Genehmigung des Verlags wiedergegeben werden.

Wir behalten uns eine Nutzung der von uns veröffentlichten Werke für Text und Data Mining im Sinne von § 44b UrhG ausdrücklich vor.

Strips und Cartoons: ©TOM

Redaktion: Antje Haubner
Layout | Herstellung: Monika Swirski | Ralf Wagner

MIX
Papier | Fördert gute Waldnutzung
FSC® C002795

FOLGT UNS! facebook.com/lappanverlag
Instagram.com/lappanverlag
www.lappan.de